Explorons les continents

L'Europe

Molly Aloian et Bobbie Kalman

Traduction de Marie-Josée Brière

Catalogage avant publication de Bibliothèque et Archives nationales du Québec et Bibliothèque et Archives Canada

Aloian, Molly

L'Europe

(Explorons les continents)
Traduction de : Explore Europe.
Comprend un index.
Pour enfants de 5 à 8 ans.

ISBN 978-2-89579-459-2

1. Europe - Géographie - Ouvrages pour la jeunesse. 2. Europe - Ouvrages pour la jeunesse. I. Kalman, Bobbie. II. Titre.

D900.A4614 2012   j914   C2012-940237-0

Dépôt légal – Bibliothèque et Archives nationales du Québec, 2012
Bibliothèque et Archives Canada, 2012

Titre original : *Explore Europe* de Molly Aloian et Bobbie Kalman (ISBN 978-0-7787-3088-0) © 2007 Crabtree Publishing Company, 616, Welland Ave., St. Catharines, Ontario, Canada L2M 5V6

Dédicace de Katherine Berti
Mojemu kochanemu ojcu chrzestnemu, Wujkowi Wieskowi Murawskiemu.

Recherche de photos
Crystal Sikkens

Conception graphique
Katherine Berti

Conseiller
John Agnew, professeur, Département de géographie, UCLA

Illustrations
Barbara Bedell : pages 4 (oiseau) et 20 (plante) ; Katherine Berti : pages 4 (carte), 7, 13, 21, 22, 26, 30 et 31 ; Robert MacGregor : page couverture (carte), quatrième de couverture (carte), pages 8-9, 12 (carte), 14, 16, 18 (carte) et 20 (carte) ; Bonna Rouse : pages 12 (nymphéa), 18 (arbre) et 25 ; Margaret Amy Salter : pages 4 (papillon), 10 et 17

Photos
© Bryan et Cherry Alexander/Arcticphoto.com : page 19 (en bas) ; BigStockPhoto.com : © Paul Maydikov : quatrième de couverture ; © Tyler Olson : page 22 ; Dreamstime.com : Edyta Pawlowska : page 24 ; Rui Vale de Sousa : page 11 (en bas) ; iStockphoto.com : page couverture, pages 1, 10, 11 (en haut), 13, 14, 15, 16, 17, 18, 19 (en haut), 20-21 (en haut), 23, 25, 27, 28, 29 et 31 (en haut) ; © ShutterStock.com : page 31 (en bas) ; Autres images : Corel, Digital Stock et Photodisc

Direction : Andrée-Anne Gratton
Traduction : Marie-Josée Brière
Révision : Johanne Champagne
Mise en pages : Danielle Dugal

© Bayard Canada Livres inc. 2012

Nous reconnaissons l'aide financière du gouvernement du Canada par l'entremise du Fonds du livre du Canada (FLC) pour des activités de développement de notre entreprise.

**Conseil des Arts   Canada Council
du Canada   for the Arts**

Bayard Canada Livres inc. remercie le Conseil des Arts du Canada du soutien accordé à son programme d'édition dans le cadre du Programme des subventions globales aux éditeurs.

Cet ouvrage a été publié avec le soutien de la SODEC. Gouvernement du Québec - Programme de crédit d'impôt pour l'édition de livres - Gestion SODEC.

Bayard Canada Livres
4475, rue Frontenac
Montréal (Québec) Canada H2H 2S2
Téléphone : 514 844-2111 ou 1 866 844-2111
edition@bayardcanada.com
bayardlivres.ca

Imprimé au Canada

Table des matières

Cinq océans, sept continents

Les trois quarts de la Terre sont recouverts d'eau. Sur la carte ci-dessous, les zones dessinées en bleu représentent l'eau. Les plus grandes masses d'eau forment ce qu'on appelle des « océans ».

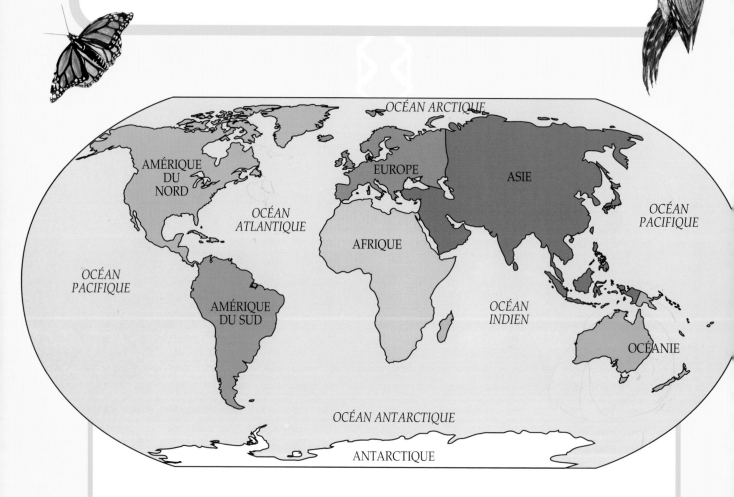

Les océans

Il y a cinq océans sur la Terre. Du plus grand au plus petit, ce sont l'océan Pacifique, l'océan Atlantique, l'océan Indien, l'océan Antarctique et l'océan Arctique.

Plusieurs régions d'Europe sont bordées par l'océan Atlantique.

Les continents

Les cinq océans entourent de grandes étendues de terre qui portent le nom de « continents ». Il y a sept continents. Du plus grand au plus petit, ce sont l'Asie, l'Afrique, l'Amérique du Nord, l'Amérique du Sud, l'Antarctique, l'Europe et l'Océanie.

Les pays d'Europe

Ce livre porte sur l'Europe, un continent qui comprend 46 pays. Un pays, c'est un territoire séparé des autres pays par des limites nommées «frontières». Chaque pays est dirigé par un groupe de personnes qu'on appelle un «gouvernement».

Ensemble, tous les pays du continent européen occupent un territoire à peine plus grand que celui du Canada.

Trouve les pays

Voici les noms de certains pays d'Europe. Les numéros indiqués sur la carte montrent où ils sont situés.

1. SUISSE
2. AUTRICHE
3. SLOVÉNIE
4. CROATIE
5. BOSNIE-HERZÉGOVINE
6. MONTÉNÉGRO
7. ALBANIE
8. MACÉDOINE
9. SERBIE
10. HONGRIE
11. SLOVAQUIE
12. RÉPUBLIQUE TCHÈQUE
13. ALLEMAGNE
14. POLOGNE
15. UKRAINE
16. MOLDOVA
17. ROUMANIE
18. BULGARIE
19. TURQUIE (PARTIE EUROPÉENNE)
20. BÉLARUS
21. LITUANIE
22. LETTONIE
23. ESTONIE

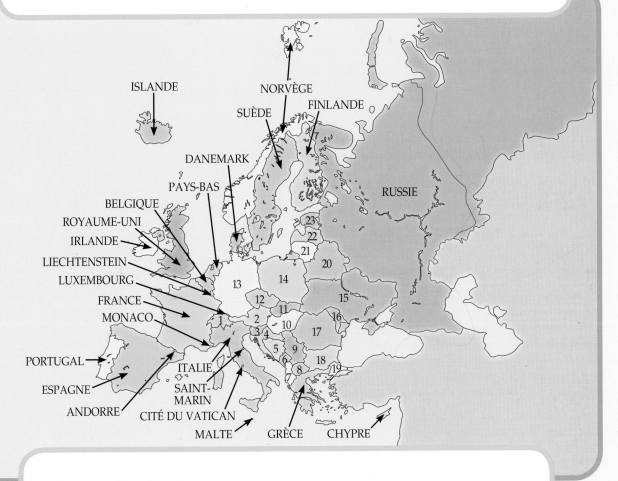

En un clin d'œil

L'Europe est rattachée à un autre continent appelé « Asie ». La ligne rouge, sur la carte, montre la frontière entre l'Europe et l'Asie. Une partie de la Russie se trouve en Europe, et l'autre partie se trouve en Asie.

Coup d'œil sur la Terre

Le nord, le sud, l'est et l'ouest sont les quatre principaux points cardinaux sur la Terre. Le pôle Nord est l'endroit le plus au nord de la Terre, alors que le pôle Sud est le point le plus au sud. Près de ces deux pôles, il fait froid toute l'année.

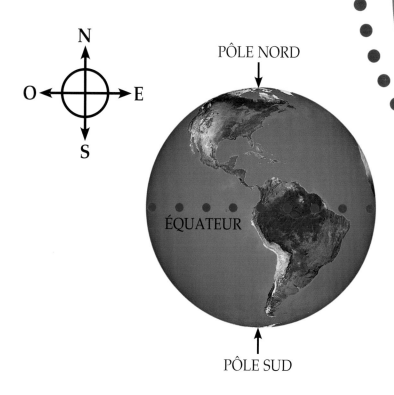

EUROPE

N

O ← → E

S

PÔLE NORD

ÉQUATEUR

PÔLE SUD

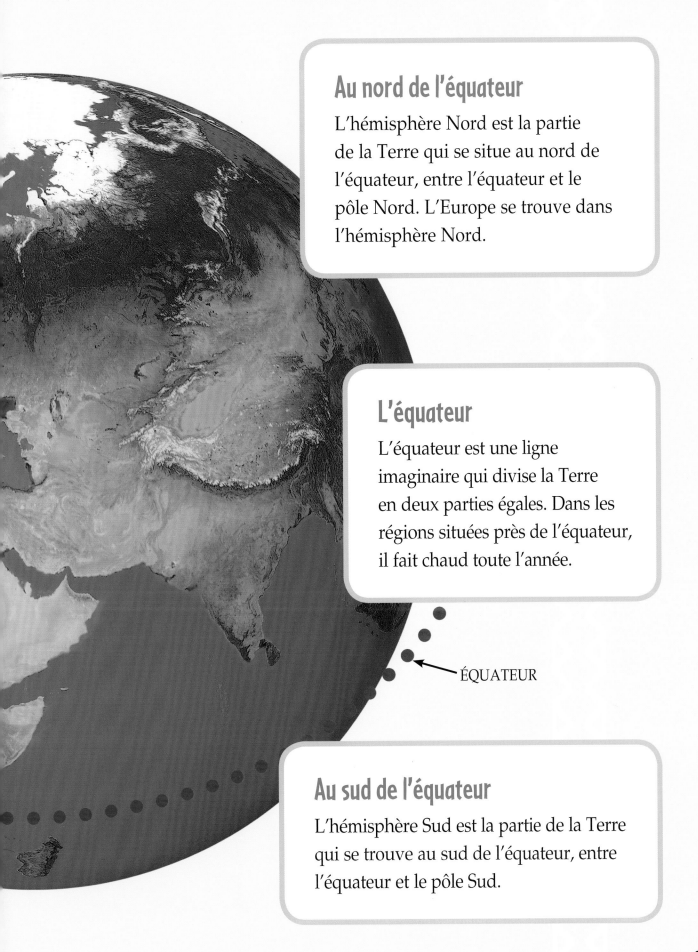

Au nord de l'équateur

L'hémisphère Nord est la partie de la Terre qui se situe au nord de l'équateur, entre l'équateur et le pôle Nord. L'Europe se trouve dans l'hémisphère Nord.

L'équateur

L'équateur est une ligne imaginaire qui divise la Terre en deux parties égales. Dans les régions situées près de l'équateur, il fait chaud toute l'année.

ÉQUATEUR

Au sud de l'équateur

L'hémisphère Sud est la partie de la Terre qui se trouve au sud de l'équateur, entre l'équateur et le pôle Sud.

Le climat en Europe

Le climat, c'est le temps qu'il fait sur une longue période dans une région donnée. La température, les **précipitations** et le vent sont des éléments du climat. En Europe, le climat varie selon les régions. Comme le nord du continent est loin de l'équateur, le climat y est froid et venteux. Les régions situées le plus au sud connaissent cependant un climat chaud et ensoleillé.

La Suède se trouve dans le nord de l'Europe, loin de l'équateur. Elle a donc un climat froid.

Sec ou pluvieux

Certaines régions du sud de l'Europe reçoivent moins de 25 centimètres de pluie par année. Le climat y est donc très sec. D'autres régions, dans le nord de l'Europe, reçoivent une grande quantité de pluie chaque année. Elles ont un climat pluvieux.

Certaines régions de l'Espagne ont un climat sec, comme celle qu'on voit sur la photo.

L'eau en Europe

L'océan Atlantique borde la côte ouest de l'Europe. Une côte, c'est une bande de terre qui touche à un océan ou à une mer. Une mer, c'est une petite partie d'un océan qui est presque entièrement entourée de terre. À certains endroits, la côte de l'Europe touche à des mers. La mer Adriatique, la mer Baltique, la mer Noire et la mer Méditerranée sont des mers d'Europe.

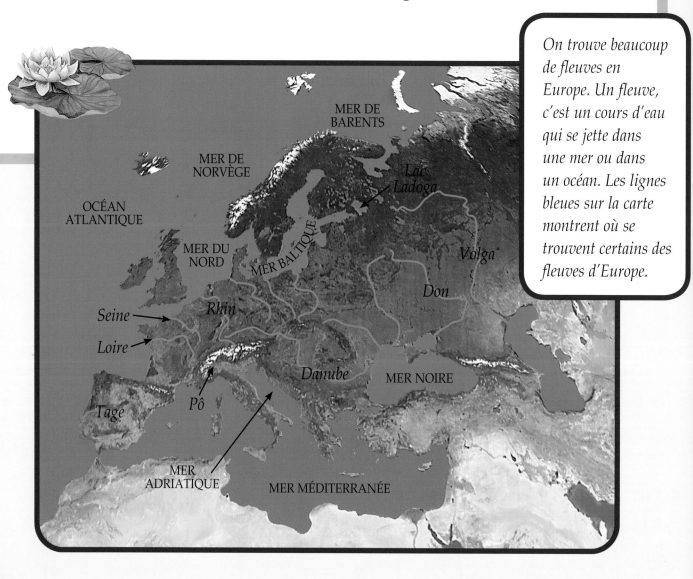

On trouve beaucoup de fleuves en Europe. Un fleuve, c'est un cours d'eau qui se jette dans une mer ou dans un océan. Les lignes bleues sur la carte montrent où se trouvent certains des fleuves d'Europe.

MER DE BARENTS

MER DE NORVÈGE

Lac Ladoga

OCÉAN ATLANTIQUE

MER DU NORD

MER BALTIQUE

Volga

Don

Seine

Rhin

Loire

Danube

MER NOIRE

Pô

Tage

MER ADRIATIQUE

MER MÉDITERRANÉE

Le lac Ladoga

Le **lac** Ladoga est le plus grand lac d'Europe. Il fait plus de 200 kilomètres de longueur. Il est situé dans le nord-ouest de la Russie, près de la frontière entre la Russie et la Finlande.

En un clin d'œil

Il y a beaucoup de gens qui pêchent dans les cours d'eau d'Europe. Ces cours d'eau servent aussi à transporter de nombreuses marchandises, dans des bateaux de toutes sortes.

*Après la Volga, le Danube est le plus long fleuve d'Europe. On voit ici la partie du Danube qui traverse la ville de Budapest. Budapest est la **capitale** de la Hongrie.*

Des péninsules et des îles

On trouve des péninsules en Europe. Une péninsule, c'est une étendue de terre qui s'avance dans l'eau, mais qui reste reliée au continent. La péninsule des Balkans et la péninsule ibérique se trouvent toutes les deux en Europe.

PÉNINSULE IBÉRIQUE

PÉNINSULE DES BALKANS

Il y a aussi beaucoup d'îles en Europe. Une île, c'est une étendue de terre entourée d'eau. L'île qu'on voit ici, appelée « Dragonera », fait partie de l'Espagne.

Une île volcanique

L'Islande est une île volcanique. On appelle «île volcanique» la partie supérieure d'un **volcan** sous-marin qui s'élève au-dessus du niveau de la mer. Les îles de ce genre se forment quand un volcan qui se trouve sous l'océan fait éruption. Le volcan expulse alors de la lave qui se répand dans le fond de l'océan. La lave, c'est de la roche chaude qui est propulsée hors d'un volcan à l'état liquide. En refroidissant, cette roche durcit. Si un volcan fait éruption souvent, la lave s'accumule et finit par dépasser le niveau de la mer. C'est ainsi qu'il se forme une île.

De hautes montagnes

En Europe, on trouve des groupes de **montagnes** appelés «chaînes de montagnes». Les Alpes, les Apennins, les Pyrénées et les Carpathes sont des chaînes de montagnes situées en Europe.

Les zones colorées en brun sur la carte montrent où se trouvent les principales chaînes de montagnes d'Europe.

chaînes de montagnes

Les bouquetins vivent dans les Alpes, en Europe. On en trouve aussi dans les Pyrénées et dans les Apennins.

La vie dans les vallées

marmotte alpine

Au sommet des montagnes, le climat est très froid et venteux. Il y a donc peu de gens et d'animaux qui y vivent. Dans les vallées, il fait moins froid qu'en haut des montagnes. Une vallée, c'est une zone de terre basse située entre les montagnes. Des gens et des animaux, comme la marmotte alpine, vivent dans les vallées.

Ces maisons se trouvent dans une vallée en Suisse.

De nombreuses forêts

En Europe, il y a des forêts entre les villes et les fermes. Une forêt est une zone où poussent beaucoup d'arbres. Il existe différentes sortes de forêts en Europe, par exemple des forêts boréales et des forêts tempérées.

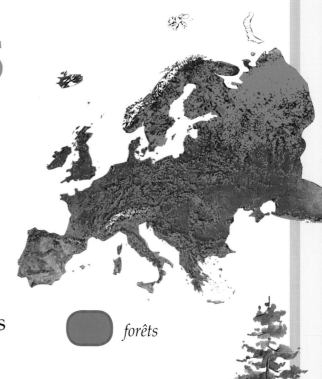

forêts

Les forêts boréales

Les forêts boréales se trouvent dans les régions du nord de l'Europe. Elles se composent principalement de conifères. Les conifères sont des arbres dont les graines sont portées sur des cônes et dont les feuilles ont la forme d'une aiguille. Des animaux comme les élans, les castors et les ours bruns vivent dans les forêts boréales.

Les forêts tempérées

Les forêts tempérées poussent plus au sud que les forêts boréales. Elles se composent de conifères et de feuillus. Les feuillus sont des arbres dont les feuilles sont larges et plates. Beaucoup d'animaux vivent dans les forêts tempérées, par exemple des cerfs, des écureuils et des oiseaux.

À l'automne, les feuilles de certains feuillus passent du vert au jaune, au rouge ou à l'orange avant de tomber au sol.

Les Samis vivent dans les forêts boréales de la Norvège, de la Finlande et de la Suède.

La toundra

On trouve dans le nord de l'Europe une vaste zone de terre presque toujours gelée, qu'on appelle la « toundra ». L'hiver y dure presque toute l'année. L'été y est court et plutôt frais. Des **peuples nomades** vivent dans la toundra. Ils se déplacent d'un endroit à l'autre pour trouver de l'eau et de la nourriture.

toundra

Sur cette photo, on peut voir des rennes qui vivent dans la toundra, en Europe. Les rennes font partie de la même famille que les cerfs.

Allez, on s'en va !

Certains animaux de la toundra, comme les rennes et les sternes arctiques, sont des animaux migrateurs. Autrement dit, ils se déplacent d'une région à une autre pour quelque temps. Ces animaux quittent la toundra avant le début de l'hiver et se dirigent vers le sud, où le climat est plus doux. Les sternes arctiques parcourent les plus grandes distances. Elles se rendent jusqu'au pôle Sud puis reviennent dans la toundra.

Les zones urbaines

Il y a plus de 700 millions d'habitants en Europe! Ils sont surtout concentrés dans les zones urbaines, c'est-à-dire dans les villes. Moscou, Londres, Saint-Pétersbourg, Paris, Berlin, Madrid et Rome comptent parmi les plus grandes villes d'Europe.

Cette carte montre quelques grandes villes d'Europe.

La ville de Prague est située au bord de la rivière Vltava.

En un clin d'œil

Beaucoup de zones urbaines se trouvent près des fleuves et des rivières.

Vieillir en beauté

Dans les villes d'Europe, on trouve beaucoup de châteaux, de **cathédrales** et de **musées** magnifiques. Des gens viennent de partout pour voir ces **édifices historiques**. Certains édifices des villes européennes ont des milliers d'années!

On voit ici une des églises les plus connues d'Europe. C'est la basilique Saint-Pierre de Rome, en Italie. Elle a été construite il y a plus de 500 ans!

Les zones rurales

Certains des habitants de l'Europe vivent dans les zones rurales, c'est-à-dire à l'extérieur des grandes villes. Cette photo montre un village de Slovaquie. Un village, c'est un petit groupe de maisons et d'autres bâtiments dans une zone rurale. On trouve aussi des petites villes dans les zones rurales d'Europe.

De jolies fleurs

On cultive de magnifiques fleurs dans différentes zones rurales d'Europe. La photo ci-dessous montre des rangées de tulipes qui poussent à la campagne, aux Pays-Bas. Les Pays-Bas sont célèbres pour leurs tulipes !

Des ressources à vendre

L'Europe possède beaucoup de ressources naturelles. Ce sont des matières qu'on trouve dans la nature, comme le pétrole. Les gens vendent ces ressources pour faire de l'argent. Le bois d'œuvre, c'est-à-dire le bois qui sert à construire des maisons et d'autres objets, est une des ressources naturelles de l'Europe. Les gens coupent des arbres pour faire du bois d'œuvre.

Cette carte montre la provenance de certaines ressources naturelles d'Europe.

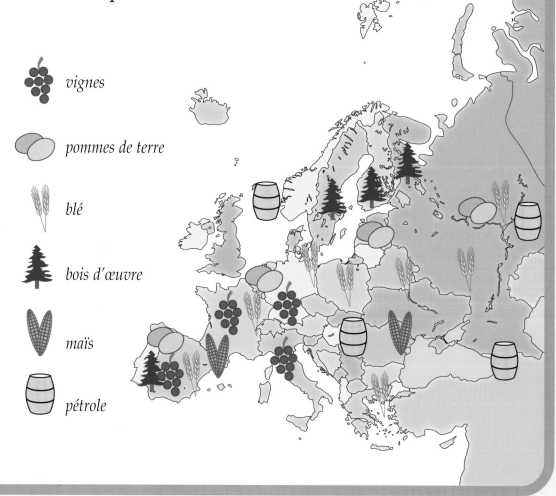

vignes

pommes de terre

blé

bois d'œuvre

maïs

pétrole

De bons vins

Il y a beaucoup de vins qui sont fabriqués en Europe, puis vendus un peu partout dans le monde. Le vin est une boisson alcoolisée faite à partir du jus de raisins. Les vins de France, d'Allemagne et d'Italie sont appréciés dans de nombreux pays.

Des agriculteurs font pousser des vignes dans ce vignoble de France.
Ils vendent les raisins qu'ils récoltent à des gens qui fabriquent du vin.

La culture européenne

La culture, c'est l'ensemble des croyances, des coutumes et des modes de vie qu'un groupe de gens a en commun. En Europe, cette culture s'exprime par des œuvres d'art, de la musique et des danses, mais aussi par d'autres activités comme les jeux et les sports. Voici quelques éléments de la culture européenne.

L'architecture

L'architecture est une forme d'art qui consiste à dessiner et à construire des édifices. Le genre d'architecture qu'on voit sur la photo est typique de la Grèce.

Le plaisir du soccer

En Europe, bien des gens aiment jouer au soccer et regarder des matches. Ils appellent le plus souvent ce sport « football » plutôt que « soccer ». Beaucoup de joueurs de football d'Europe sont très connus.

La musique

La musique est un élément important de la culture européenne. On voit sur cette photo une statue du **compositeur** Wolfgang Amadeus Mozart. Ce musicien est né en Autriche il y a plus de 200 ans. Aujourd'hui, beaucoup de gens écoutent sa musique partout dans le monde !

À faire et à voir

Il y a des touristes du monde entier qui se rendent en Europe. Les touristes sont des gens qui voyagent pour le plaisir. Voici quelques-uns des endroits qu'ils visitent en Europe. La carte montre où ces endroits sont situés.

*La tour Eiffel se trouve à Paris, en France. Cette tour de **fer** mesure plus de 300 mètres de hauteur. Elle a été conçue par un Français appelé Alexandre Gustave Eiffel.*

Beaucoup de gens vont à Rome, en Italie, pour voir le Colisée.
C'est un énorme **amphithéâtre** vieux de quelques milliers d'années !

La grande roue appelée « London Eye » est la plus grande au monde.
Elle fait plus de 135 mètres de hauteur ! Elle est située à Londres, en
Angleterre. En montant dans le London Eye, on peut voir jusqu'à
40 kilomètres tout autour.

Glossaire

amphithéâtre Édifice entourant une grande place centrale, où les gens peuvent regarder ou pratiquer des sports

capitale Grande ville où se trouve le gouvernement d'un pays

cathédrale Grande église très importante

compositeur Personne qui écrit de la musique

édifice historique Édifice qui a eu une importance particulière dans l'histoire

fer Métal dur et solide

lac Grande étendue d'eau entourée de terre

montagne Importante élévation de terrain dont les pentes sont raides

musée Lieu où on conserve des œuvres d'art et d'autres objets pour que les gens puissent les voir

peuple nomade Groupe de personnes qui n'ont pas d'habitation permanente et qui se déplacent d'un endroit à l'autre pour trouver de l'eau et de la nourriture

précipitations Chutes de pluie ou de neige

volcan Montagne dont le sommet est percé d'une ouverture par laquelle des cendres et de la lave chaude sortent parfois

Index